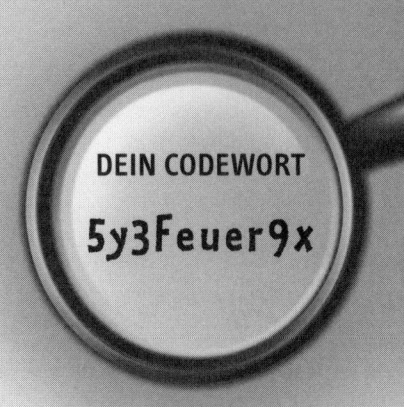

DEIN CODEWORT

5y3Feuer9x

Weitere Abenteuer auf:
www.thienemann.de/CodewortRisiko

Gib deinen persönlichen Geheimcode ein
und erlebe die spannende Welt von
Codewort Risiko!

CODEWORT RISIKO

Frank M. Reifenberg

Achtung, Feueralarm!

Mit Bildern von Eleonore Gerhaher

Thienemann

Reifenberg, Frank M.:
Achtung, Feueralarm!
ISBN 978 3 522 18203 4

Reihengestaltung: init.büro für gestaltung, Bielefeld
Einband- und Innenillustrationen: Eleonore Gerhaher
Rätsel (Konzeption): Anja Lohr
Schrift: ITC Stone Sans, Kosmik
Satz: KCS GmbH in Buchholz/Hamburg
Reproduktion: Medienfabrik, Stuttgart
Druck und Bindung: Friedrich Pustet, Regensburg
© 2010 by Thienemann Verlag
(Thienemann Verlag GmbH), Stuttgart/Wien
Printed in Germany. Alle Rechte vorbehalten.
5 4 3 2 1°   10 11 12 13

www.thienemann.de
www.frank-reifenberg.de
www.lesefoerderung-fuer-jungen.de

Inhaltsverzeichnis

Heißes Rennen

Peppi hatte den Schlüssel zum Bootsverleih seines Onkels besorgt. Es war halb
sieben am Morgen. Der Verleih hatte
Ruhetag und wir konnten locker bis zum
Abend über den Fluss rasen.

Wir schlichen uns runter zu dem Anleger in einem der Seitenarme des Flusses. Die Plattform dümpelte in der
Strömung vor sich hin. Außer dem Plät-
schern der Wellen und dem Quietschen
der Gittertür, die verhindern sollte, dass

jeder an die Jet-Skis und Motorboote rankam, war nichts zu hören.

Ich schaute mich sicherheitshalber noch mal um, nicht dass irgendjemand uns sehen konnte. Peppi fällt total auf, weil er ziemlich schwarz ist, im Gesicht und überall. Den erkennst du auf tausend Meter im Nebel! Peppi hat außerdem Haare, die aussehen wie eine Riesenwolke Zuckerwatte, nur eben nicht weiß, sondern schwarz. Peppis Vater ist Afrikaner.

»Die Luft ist rein«, sagte ich. Das klang irgendwie schön verboten. Aber auch ein bisschen, als hätte ich Angst. Was natürlich völliger Quatsch war.

»Okuwalele zanussi!«, stöhnte Peppi. »Hier ist nie jemand um die Zeit! Komm schon, Mattes, oder hast du etwa Sch-«

»Hab ich nicht!«, schnitt ich ihm das Wort ab.

Frag mich übrigens nicht, was dieser Okuwalele-Kram heißt. Angeblich spricht so ein Stamm in Westafrika, aber ich glaube, Peppi denkt sich das aus.

Keine zwei Minuten später saßen wir auf den beiden Jet-Skis. Oder besser: Wir standen darauf, weil die Dinger gar keinen richtigen Sitz haben.

Ich gab Gas. Die Kiste reagierte sofort, indem sie die Schnauze aus dem Wasser hob, wie ein Pferd, das sich aufbäumt.

Wir steuerten raus auf den Fluss. Die Rennstrecke war vorher festgelegt. Zuerst flussaufwärts geradeaus bis zur Eisenbahnbrücke. Ich gab wieder Gas. Peppi ließ die Maschine unter seinem Hintern ebenfalls aufheulen und schon rasten wir Seite an Seite los, kaum zwei Meter Abstand zwischen uns.

»Jihaaaaaaaaa«, schrie Peppi wie ein Rodeoreiter, der einen wilden Mustang zähmen muss.

Das Wasser spritzte bei jeder Welle, die wir durchpflügten, auf. Selbst Peppis Gestrüpp auf dem Kopf, das sonst fest wie Stahlwolle ist, wurde vom Fahrtwind nach hinten gepustet.

»Ich hänge dich ab, noch bevor wir die Brücke erreichen!«, schrie ich zu ihm rüber.

Im selben Moment knallte ich auf eine Welle. Diese kleine Welle hob mich mitsamt dem Jet-Ski aus dem Wasser. In Comicheften stehst du in so einer Situation wie angenagelt da, guckst bescheuert aus der Wäsche und zischst dann runter in den Abgrund oder überschlägst dich fünfmal. Oder einer der X-Men rettet dich in letzter Sekunde.

Mit einem Mal spürte ich nichts mehr als einen Luftzug im Gesicht. Wie in Zeitlupe schoss ich in den Himmel.

INFO

Jet-Skis oder Jetboote sind eine Art Motorrad auf dem Wasser. Sie sehen aus wie eine Mischung aus einem Motorrad und einem Rennbob. Haupt-  sächlich werden sie als Wassersportgerät genutzt. Man sitzt oder steht darauf. Die Motoren sind sehr leistungsfähig, einige haben mehr als 300 PS. Zum Vergleich: Viele kleinere Autos kommen mit 50 PS aus, sind aber viel schwerer. Einfach auf ein Jetboot zu steigen, ist eigentlich streng verboten, denn man braucht einen Sportbootführerschein dafür. Rettungsdienste benutzen Jetboote auch, um schnell an einen Unglücksort auf dem Wasser zu gelangen. Einige sind sogar so ausgestattet, dass man damit verletzte Personen in Sicherheit bringen kann.

INFO

Schau dir die Ausschnitte genau an und suche sie im Bild. Schreibe die passenden Buchstaben nacheinander auf ein Blatt. Welches Lösungswort ergibt sich?

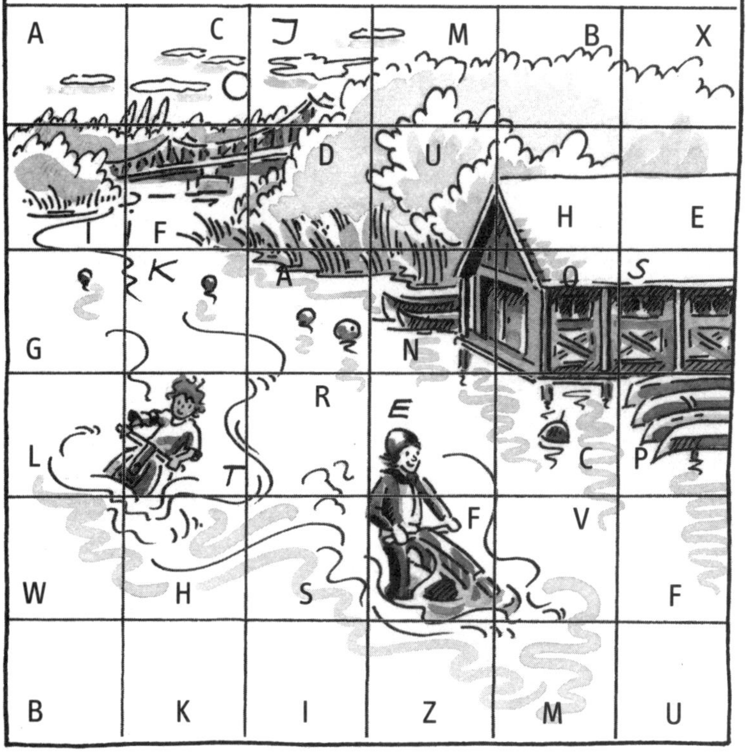

RÄTSEL ?

Kalt erwischt

Weil gerade keiner der X-Men da war, musste ich selbst dafür sorgen, dass ich mir nicht das Genick brach. Ich klammerte mich am Lenker fest und klatschte mitsamt dem Jet-Ski wieder aufs Wasser, balancierte von einem Bein auf das andere und achtete darauf, bloß nicht vom Gas zu gehen oder gar loszulassen. Dann stoppt die Maschine nämlich augenblicklich.

Nach ein paar Metern hatte ich Peppi

wieder eingeholt. Nase an Nase rasten wir auf die mächtigen Betonpfeiler der Eisenbahnbrücke zu. Ein Güterzug, der mit riesigen Kabelrollen beladen war, rollte im Schritttempo aufs westliche Flussufer zu. Gleichzeitig tuckerte ein Frachtschiff zwischen dem ersten Pfeiler und dem östlichen Ufer hindurch. Auf Deck des Schiffes war ein alter Opel Manta vertäut. Knallgelbe Streifen zogen sich von der Kühlerhaube bis zum Kofferraumdeckel des Autos. Ein Mädchen mit roten Zöpfen stand an der Reling des Frachters. Auf einem Arm hielt sie einen kleinen Jungen, mit dem anderen winkte sie uns zu.

»Unter der Brücke durch und dann Slalom um die Pfeiler!«, schrie ich gegen den Wind an.

»Jihaaaaaaaa!«, brüllte Peppi nur.

Er hatte das letzte »a« noch nicht ganz
ausgespuckt, als ich es sah. Direkt hinter
einer der tonnenschweren Stützen, die
die Schienenstränge trugen, ragte die
Spitze eines Motorboots heraus. Lang-
sam bewegte es sich vorwärts – genau
in unsere Fahrlinie hinein.

»Okuwalele Mist!«, brüllte ich.

Ich musste nach rechts ausweichen,

aber da war Peppi mit seinem Jet-Ski. Auf den zweiten Blick erkannte ich, dass es nicht irgendein Motorboot war.

Es war die Wasserschutzpolizei.

Wenn wir das Boot ein paar Sekunden vorher gesehen hätten, wären wir in einen der Nebenarme, die zum neuen Hafen führen, abgedreht. Jetzt mussten wir die Flucht nach vorn antreten. Ich legte mich in letzter Sekunde in eine haarscharfe Linkskurve. Das hatte zwei Vorteile und einen Nachteil.

Die Vorteile waren, dass ich vor Peppi unter der Brücke hindurchraste und nicht mit dem Boot zusammenknallte. Der Nachteil war eine wahre Wasserfontäne, die in der Kurvenlinie aufschwappte und den Polizeibootsführer bis auf die Knochen durchnässte. Zum Glück war er erst einmal mit Fluchen und Schimpfen und Wasser-Ausspucken beschäftigt.

Ich gab Peppi ein Zeichen. Mit der rechten Hand kurbelte ich durch die Luft. Peppi kapierte sofort, was ich meinte. Die alte Drehbrücke! Sie war zu niedrig für das Polizeiboot. Mit den Jet-Skis konnten wir aber locker drunter hindurch.

Wir wendeten und rasten mit der Strömung flussabwärts. Das Polizeiboot umfuhr einen der Brückenpfeiler und nahm die Verfolgung auf.

»Vorsicht!«, schrie Peppi plötzlich.

Ich sah das Ruderboot. Ein Mann-schafts-Achter, der sein Training in der Nähe des Ufers durchzog. Die Ruderer kamen wegen uns voll aus dem Takt. Die Ruder verhakten sich und es sah plötz-lich aus wie dieses Spiel, bei dem man Stäbchen auf den Tisch wirft und immer

eins nach dem anderen aus dem Gewirr ziehen muss, ohne dass ein anderes wackelt. Bei denen wackelte alles.

Unsere Jet-Skis zischten links und rechts an den schimpfenden Sportlern vorbei, aber das Polizeiboot hielt direkt auf sie zu, musste zu einem Ausweichmanöver ansetzen – und drehte ab.

»Jihaaaaaaaa!«, schrien Peppi und ich gleichzeitig und rasten um die Ecke in den Seitenarm des Flusses.

INFO

Die Wasserschutzpolizei (WSP) überwacht den Schiffsverkehr (besonders bei Unfällen oder bei Untiefen, an Flusskrümmungen usw.), begleitet Sondertransporte und überwacht die Lade- und Löschvorgänge der Schiffe. Beim Transport gefährlicher Güter kontrolliert sie die Einhaltung der Sicherheitsvorschriften. Auch im Umweltschutz hat die WSP wichtige Aufgaben. Zum Beispiel überprüft sie, ob nicht heimlich Altöl von Schiffen in den Fluss gekippt wird.

INFO !

Die Jungs rasen sehr schnell.
Was hat sich nach ein paar Sekunden verändert?
Suche die 10 Fehler.

Stinkekäse und Mörderhecht

Im alten Hafen lenkten wir unsere Maschinen hinter die Kaimauer einer verlassenen Reederei. Wir warteten auf den Jet-Skis ungefähr eine halbe Stunde im Schatten des Anlegers.

»Der hat aufgegeben«, sagte Peppi.

Ich nickte. »Und was nun?«

Er zuckte die Achseln.

»Wir machen einen Ausflug, komm mit!« Ich warf den Motor wieder an.

In einem gemächlichen Tempo fuhren wir bis zum Schrottplatz meines Opas am Ende des Seitenarms, achteten jedoch darauf, dass er uns und besonders die Jet-Skis nicht sehen konnte, die wir sicher an einem Bootssteg festmachten.

Opa entlud gerade mit dem großen Kran einen Frachter, der tonnenweise Schrottautos geliefert hatte – die *Ocean Queen*. Opa winkte mir vom Führerstand des Krans zu. Direkt am Kai stand der Kapitän des Schiffes und genehmigte sich eine Flasche Bier.

In der Baracke, die meinem Opa als Büro dient, plünderte ich den Kühlschrank. Ich packte zwei Dosen Cola, eine komplette Fleischwurst und zwei Äpfel ein, dazu den angegammelten Harzerkäse, der bis Holland stank. Dann suchte ich mein Angelzeug zusammen.

»Angeln?«, fragte Peppi.

»Na klar, und heute Abend grillen wir
die selbst gefangenen Fische!«

Peppi schien nicht so begeistert zu sein, aber schließlich griff er nach meinem neuesten X-Men-Sammelband, den ich am Tag zuvor bei Opa liegen gelassen hatte. Dann düsten wir wieder los zu meinem Lieblings- angelplatz. Die Jet- Skis zogen wir dort ein Stück ans Ufer.

Wir setzten uns an die Böschung und ich

packte den ganzen Kram aus, den man so braucht: die Angel mitsamt Schnur, Haken, Schwimmer, verschiedene Köder und eine Dose Cola. Beim Angeln braucht man Geduld, Stinkekäse, Opas alten Strohhut und dann noch mal Geduld. Der Hut hat zwei Funktionen: Ohne Hut kriegst du einen

Sonnenstich und keine Fische, mit Hut kriegst du Fische und keinen Sonnenstich.

Der Hut ist also ein absolutes Muss, vielleicht ist es ein magischer Fischfanghut. Er funktioniert nämlich auch bei Regen. Möglichst stinkiger Käse ist nach meinen Erfahrungen der allerbeste Köder.

Peppi schlug den X-Men-Sammelband auf. Plötzlich spannte sich die Angelschnur.

»Mann, das ging ja schnell!«

Die Schnur war irgendwie verdächtig straff und verschwand bewegungslos im Wasser. Wenn ein Fisch angebissen hätte, hätte sie gezuckt und geruckt.

»Einer dran?«, fragte Peppi.

»Weiß nicht.« Ich nahm die Angel in die linke Hand und versuchte, mit der rechten die Schnur einzuholen.

Fehlanzeige. Nichts rührte sich.

Ich trat einen Schritt vom Ufer weg und zog die ganze Rute ein Stück zu mir. Wieder nichts.

Auch nach mehreren Versuchen rührte sich absolut nichts und ich ahnte auch schon, warum.

»Das Mistding muss sich irgendwo verhakt haben.«

Peppi zückte sein Taschenmesser und hielt es mir hin. »Du musst die Schnur wohl kappen!«

»Hast du noch alle Tassen im Schrank? Weißt du, was die Schnur kostet?«

Er hatte natürlich keine Ahnung, außerdem näherte sich in dem Augenblick die *Poseidon*, ein schneeweißes Ausflugsschiff. Der Rumpf des Schiffes durchpflügte das Wasser. Geschmeidig glitt die *Poseidon* auf uns zu.

Und auf meine Angelschnur.

Höchstens drei Sekunden später stürzte ich kopfüber in das bräunliche Wasser.

INFO

In Deutschland gibt es über 7000 Kilometer Binnenwasserstraßen, also Flüsse und Kanäle, auf denen Güter transportiert werden können. Das  entspricht ungefähr der zehnfachen Strecke von Hamburg nach München. Auf den großen Flüssen und Kanälen herrscht eine Menge Verkehr. Frachtschiffe transportieren fast alle Arten von Gütern. Es gibt Containerschiffe, Tanker oder Frachter, die Berge von Erz oder Kohle befördern. Dazwischen fahren private Motorboote herum, Ausflugsdampfer, Fährschiffe und Ruderboote. Damit nicht alles drunter und drüber geht, gelten ganz ähnliche Regeln wie im Straßenverkehr und die Wasserschutzpolizei sorgt für Ordnung.

INFO

Was schwimmt nicht auf dem Fluss?
Entschlüssle die Wörter, dann weißt du es.
Tipp: Die Wörter sind rückwärts geschrieben.

Sprung ins Ungewisse

Ich tauchte kurz auf, um mich zu orientieren. Die *Poseidon* hatte das Tempo gedrosselt, damit die Touristen Fotos von der Uferpromenade machen konnten. Vielleicht reichte die Zeit!

Ich saugte Luft ein und stieß direkt an der Angelschnur entlang hinab in die Tiefe. Beim Abtauchen drang noch ein gedämpfter Schrei von Peppi zu mir vor, dann wurde es still.

Besonders viel sehen konnte man

nicht, aber ich behielt die Angelschnur in einer Hand, um nicht die Orientierung zu verlieren.

Mir begegneten keine Zweimeter-Mörderhechte, sondern nur ein kaputter Benzinkanister, einige Flaschen und et-

was tiefer ein altes Fahrrad. Das rostige Gerippe steckte zur Hälfte im schlammigen Boden. Der Angelhaken hatte sich in den Speichen des Vorderrads verfangen.

Dummerweise wurde die Luft schon ein bisschen knapp. Ich zog, so schnell es mit einer Hand ging, an dem Haken und hätte ihn auch fast losbekommen, als plötzlich ein Ruck durch die Angelschnur ging.

Das Ausflugsboot hatte sie wohl doch erwischt! Sie schnitt mir tief in den Handballen.

Blut quoll hervor. Eine ziemlich miese Sache, weil Blut bekanntlich Haie anlockt und sie in einen Rausch versetzt.

In solchen Situationen kommt es sehr darauf an, nicht die Nerven zu verlieren. Erstens, sagte ich mir, ist das hier nicht der Pazifik, also sind Haie dein kleinstes Problem. Zweitens hatte ich die Angelschnur längst aus der Hand verloren und drittens ging mir die Luft jetzt total aus.

Ich wedelte mit den Beinen, schlug mit den Armen und paddelte wie ein Verrückter. Beim Abtauchen war mir die Strecke viel kürzer vorgekommen, keine drei Meter oder noch weniger, aber da hatte ich noch beide Lungenflügel voll Luft gehabt.

In meine Nase stieg mit einem Blubbern das Wasser. Es sprudelte und sauste in meinen Ohren.

Ich riss die Augen weit auf. Über mir wurde es heller. Die Farbe des Wassers wechselte von schlammig braun zu hellgrün. Es strahlte, sauste und blubberte um mich herum, dann wurde es noch heller. Das war vermutlich nicht die Wasseroberfläche, sondern der Himmel.

In den Märchen, die Opa mir früher vorgelesen hatte, wäre jetzt eine Nixe gekommen, um mich zu retten, und hätte mich dann auch noch superreich gemacht. Hier gab es zwar keine Haie, aber auch keine Nixen.

Okuwalele und tschüss, schöne Welt, waren meine letzten Gedanken.

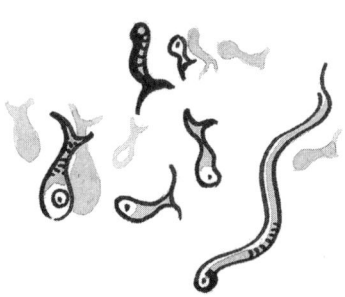

INFO

Flüsse waren schon immer wichtig für die Menschen. Sie dienten als Handelswege und als natürliche Grenze zwischen zwei Ländern. Außer-dem spendeten sie Wasser und Nahrung. Auch heute noch kann man in vielen deutschen Flüssen angeln. Flüsse können aber auch ihre Tücken haben. Manchmal herrscht nach heftigen Regenfällen und starker Schneeschmelze gefährliches Hochwasser. 2002 überschwemmten die Elbe und ihre Nebenflüsse Städte von Tschechien bis Niedersachsen. In Dresden lagen große Teile der historischen Altstadt unter Wasser. Die Schäden beliefen sich am Ende auf einige Milliarden Euro!

INFO

Welche Wörter kannst du mit dem Wort FLUSS zusammensetzen?

ARM

BETT

RETTUNG BAD

UFER

SCHWEIN

PFERD

DAMPFER

RÄTSEL

Am richtigen Ort zur falschen Zeit

Ich hatte mir bisher noch nicht sehr viele Gedanken darüber gemacht, was mich eines Tages am Himmelstor erwartete. Ich war deshalb nicht darauf gefasst, dass Petrus mir ganz schön fest ins Gesicht hauen und schreien würde: »Verdammt noch mal, Mattes, mach deine blöden Augen auf!«

Als ich Petrus' Befehl gehorchte, war ich doppelt überrascht.

Petrus war ungefähr so alt wie ich und

hatte Haare wie schwarze Zuckerwatte, besser gesagt, wie nasse schwarze Zuckerwatte. Genau wie Peppi.

Es war Peppi.

»Peppi, was machst du denn hier?«, stieß ich mit einem Schwall Flusswasser aus.

»Was man halt so macht. Seinen besten Freund vorm Ertrinken retten! Ich dachte, du bist tot!«

Das hatte ich auch gedacht, aber ich gab es natürlich nicht zu.

»Quatsch! Ich hab alles voll im Griff«, sagte ich.

»Und warum treibst du dann kieloben in dieser Brühe?«

Das war nun wirklich maßlos übertrieben. Ich hatte vielleicht einen klitzekleinen Augenblick zu wenig Luft bekommen.

»Weil ... äh ... weil ...
ich ... weil ...«

Ich schaute an der
Ankerkette hoch, an die
Peppi sich festklammer-
te. Mit dem anderen Arm
hielt er mich immer noch
umschlungen. Eine flam-
mend rote Schiffswand ragte
vor uns auf.

»Weil ich mir schon immer mal
den neuen Kahn hier angucken
wollte.«

Das stimmte sogar.
Das neue Feuer-
wehrboot
stand

schon seit drei Wochen auf der Liste der Dinge, die ich dringend unter die Lupe nehmen wollte.

»Du kannst mich jetzt loslassen«, sagte ich, aber Peppi tat das Gegenteil.

»Auf keinen Fall! Die Strömung hier ist viel zu stark!«

Peppi neigt öfters zu Übertreibungen. So stark war die Strömung nun auch wieder nicht. Ich machte mich los und merkte sofort, wie ich abgetrieben wur-de. Im letzten Moment schnappte ich mir wieder Peppis Hand, zog mich heran und hielt mich nun auch an der Kette fest.

»Na ja, ich bin ohnehin genug ge-schwommen heute«, sagte ich.

»Und jetzt?«, fragte Peppi.

Ich schaute noch einmal an der Bord-wand hinauf.

»Das meinst du nicht ernst, Mattes Krüger?« Peppis Augen weiteten sich. Das Flusswasser glitzerte darin.

Peppi kannte mich ganz gut. Er hatte kapiert, was ich wollte.

»Schaffst du das etwa nicht?«, fragte ich.

Das war der beste Weg, um Peppi zu etwas zu bewegen. Sofort hangelte er sich an der Ankerkette empor, indem er sich mit den Armen ein Stück hochzog und dann die Füße darumschlang. Er brauchte nur zwei Züge, dann bekam er die Reling zu fassen und hievte sich aufs Deck.

Ich grinste und nahm schnell denselben Weg.

Auf Deck trieften wir erst einmal ein bisschen. In Peppis Haaren hatte sich etwas Grünliches verfangen, Algen oder vielleicht noch fiesere Sachen, aber das sagte ich ihm nicht, sonst regte er sich bloß auf.

»Komm schon«, forderte Peppi mich auf, »bevor uns jemand erwischt!«

Er duckte sich auf der Steuerbordseite hinter den Fahrstand des Bootes und checkte, ob man uns vom Anleger aus sehen konnte.

»Die pennen alle um die Zeit«, sagte ich. »Das tun die jeden Tag. Danach kochen sie sich einen Kaffee und spielen Skat.«

Ich wusste das ganz genau, weil ich schon ziemlich oft am Ufer gesessen und darauf gewartet hatte, dass endlich ein Fisch anbiss.

Auf einmal herrschte jedoch oben im Wachhaus ziemlich viel Hektik. Dann ging alles ganz schnell. Peppi und ich hätten mit einem Sprung ins Wasser ab-hauen können, aber wir waren ja froh, dass wir gerade auf dem Trockenen waren.

INFO

In der Schifffahrt gibt es eine Menge Fachbegriffe. Wenn man sie nicht kennt, kann es ein ganz schönes Durcheinander geben. Man sagt zum Beispiel auf einem Boot nicht links und rechts, sondern backbord und steuerbord. Steuerbord ist die rechte Seite vom Heck zum Bug (also in Fahrtrichtung) gesehen. Der Ausdruck stammt von der früheren Position des Steuermanns auf Wikingerschiffen, wo das Steuerruder am Heck auf der rechten Seite angebracht war. Und es geht gleich weiter: Man sagt nicht vorne und hinten, sondern Bug für die Spitze und Heck fürs Hinterteil des Schiffs.

INFO

Wo muss Mattes entlangtauchen, um zum Feuerwehrboot zu kommen?

FEUERWEHR

RÄTSEL

Explosionsgefahr

Die Feuerwehrmänner polterten keine zwei Minuten später den Landungssteg hinunter, an dem die zwei Löschboote lagen.

Ich schubste Peppi durch eine schmale Tür ins Innere des Bootes und wir duckten uns direkt neben dem Steuerrad.

Es waren vier Männer, die das Boot startklar machten. Der Bootsführer löste ein paar Kabel. Was die anderen im Bug des Bootes machten, konnte ich nicht sehen.

Wir waren mitten in einen Einsatz geraten.

An Land jaulte eine Sirene auf. Ein Feuerwehrwagen mit Blaulicht und Martinshorn fuhr vor. Ein paar Feuerwehrmänner in voller Ausrüstung sprangen aus dem Wagen, kaum dass er gehalten hatte.

»Die Verstärkung von der Feuerwache ist da!«, rief einer der Männer an Bord.

»Gute Leistung, vier Minuten seit Notruf«, erwiderte der Bootsführer. »Dann wollen wir mal.«

Er kam genau auf uns zu.

Blitzschnell schaute ich mich um. Das Steuerrad, die Tafel mit Anzeigen und Schaltern, daneben etwas, das wie ein Computerbildschirm aussah, rechts eine schmale Stiege abwärts. Durch die offene Tür konnte man den Maschinenraum sehen. Links führte ebenfalls ein Treppchen hinunter ins Schiff.

»Hier rein!« Ich schlich geduckt zu der vorderen Treppe.

»Spinnst du?«, wehrte Peppi sich zuerst. Als er sah, dass der Kapitän sich

dem Führerstand mit festen Schritten näherte, folgte er mir jedoch.

Wir standen in einem kleinen Raum, der Ähnlichkeit mit einer Küche hatte. Wahrscheinlich würden sich die Feuerwehrmänner nicht als Erstes eine Tasse Kaffee kochen, wenn sie zum Einsatz fuhren. Ich öffnete die Klappe eines Verschlags.

»Komm schon«, befahl ich Peppi und zeigte auf die Kiste.

Es ging ein Ruck durch den Schiffsrumpf. Der Motor warf sich mit einem Röhren sofort voll ins Zeug, während die Mannschaft sich auf und unter Deck auf ihre Positionen begab.

Peppi zeigte mir einen Vogel und weigerte sich, in den Verschlag zu steigen.

»Okay, dann gehen wir zum Kapitän«, schlug ich vor, »und sagen: ›Guten Tag,

Herr Kapitän, darf ich vorstellen: Piraten Peppi und Mattes. Wir haben Ihr Boot gekapert, aber wir lassen Sie mit dem Leben davonkommen, wenn Sie Ihren Einsatz kurz unterbrechen und uns an Land absetzen.‹«

Statt einer Antwort bekam ich von Peppi eine Kopfnuss, aber er kletterte in die Kiste hinein. Für mich blieb nur Platz, wenn wir uns Kopf an Fuß und umgekehrt reinlegten.

Peppis Schweißfüße direkt vor der Nase! Jetzt wünschte ich mir, ich wäre einer von den X-Men, die mühelos von einem Ort zum anderen fliegen konnten. Mit dem rechten Ellbogen drückte ich den Deckel der Kiste ein Stück nach oben. Erstens bestand die Gefahr, dass wir in dem engen Ding erstickten, zweitens wollte ich unbedingt etwas sehen.

Durch ein Bullauge konnte ich immerhin einen kreisrunden Ausschnitt des Flusses im Blick behalten.

»Leitstelle für Feuerwehrlöschboot eins, bitte kommen«, hörte ich über uns den Bootsführer.

Es knackte, dann antwortete eine schnarrende Stimme: »Hallo, Kapitän Pollwein, Sie sollten einen Zahn zulegen!«

»So schlimm? Nähere Informationen?«

»Verunglücktes Tankschiff direkt unterhalb der Nordbrücke«, antwortete die Stimme am anderen Ende der Funkstrecke. »Ein Frachter hat einen Tanker gerammt und an den Brückenpfeiler gedrückt.«

»Jetzt sagen Sie bloß noch, die Kiste hat drei blaue Kegel am Bug?!«

»Jawohl! Explosionsgefahr, Sie haben es erfasst.«

INFO

Auf den Frachtschiffen gibt es eine ganze Reihe von Kenn- zeichen und Lichtern. Drei blaue Kegel (nachts drei blaue Lampen) bedeuten: »Achtung,  ein besonders gefährlicher Transport mit Gütern, die explodieren können.« Die Positionslichter der Schiffe (rot an der Backbord-, grün an der Steuer- bordseite) helfen, dass es zu keinen Zusammen- stößen kommt. Grundsätzlich gilt, dass sich entgegenkommende Schiffe nach Steuerbord ausweichen. Moderne Frachtschiffe sind zudem mit Radargeräten ausgestattet, die ihnen schon frühzeitig andere Verkehrsteilnehmer auf dem Fluss ankündigen. Außerdem stehen sie über Funk in Kontakt mit anderen Schiffen und den Leitstellen an Land.

INFO

**Vergleiche die Bullaugen miteinander:
Wo siehst du dasselbe Bild?
Schau genau!**

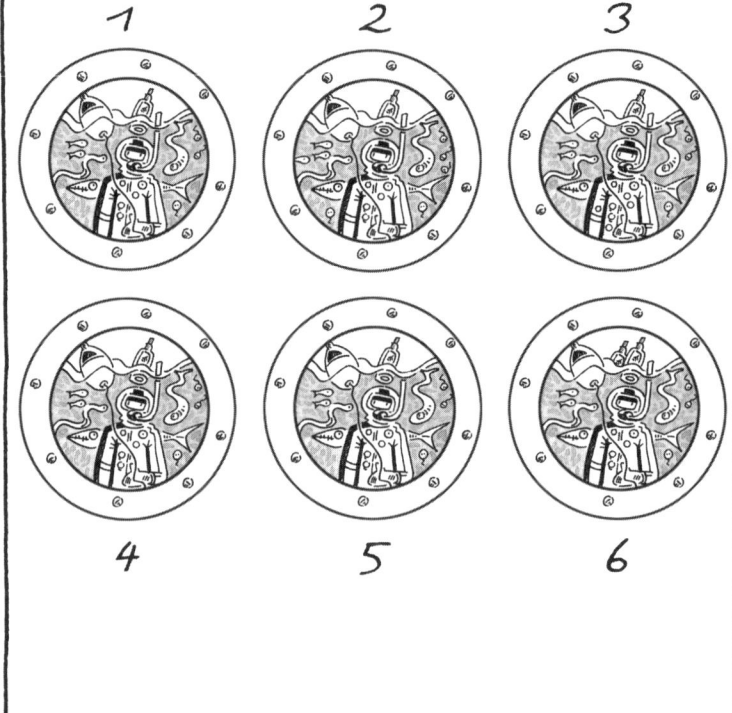

RÄTSEL ?

Schrecken der sieben Weltmeere

»Schade, wir fahren nur bis zur Nordbrücke!«, flüsterte ich enttäuscht.

Der rote Flitzer würde in null Komma
nix dort sein. Das Boot stieß schon aus
dem Seitenarm in die Hauptfahrrinne.

Peppi war gar nicht meiner Meinung.
Für ihn hätte es gereicht, wenn wir von
einem Ufer zum anderen übergesetzt
hätten. Oder lieber gar nicht erst los-
gefahren wären.

»Ich halte das auch kein Stück weiter

aus«, seufzte er. »Mir ist so übel.« Zur Bekräftigung würgte er.

»Du düst doch auf den Jet-Skis wie ein Verrückter durch die Gegend und hier wird dir übel?«

Ich bekam keine Antwort. Nur ein paar Laute waren zu hören, die nichts Gutes bedeuten konnten. Westafrikanische Stammeswürgelaute vielleicht.

»Wehe, du kotzt mir auf die Füße!«, drohte ich ihm.

Der Kapitän drehte den Motor noch eine Stufe höher.

»Ungpf!«, hörte ich Peppi.

Ich zögerte keine weitere Sekunde und schlug den Deckel der Kiste nach oben, was ungefähr so laut war wie ein Donnerschlag. Mit einem Satz stand ich in dem niedrigen Raum.

»Ist noch mal gut gegangen«, sagte

Peppi. »Was machst du denn für einen Krach?«

Aber es war zu spät.

»Was war das?«, hörte ich eine Stimme von draußen.

Einen Wimpernschlag später erschien auch schon ein Feuerwehrmann oben auf der Stiege. Er starrte mich an.

»Was, zum Teufel, macht ihr denn hier?«, brüllte der Mann gegen den Fahrtwind und das Motorengeräusch an.

Eine Antwort erhielt er erst einmal nicht, weil ein Knall uns allen die Ohren wegblies. Ungefähr so laut wie zehn Donnerschläge.

»Ach du liebe Schifferscheiße«, sagte der Mann.

Wir waren ihm plötzlich schnurzpiepegal. Er befahl uns noch, dass wir uns nicht von der Stelle rühren sollten, dann war er auch schon verschwunden.

Wir rannten ihm nach.

Peppi war nicht einmal mehr übel. Er starrte mit weit aufgerissenen Augen in Fahrtrichtung. Mit ausgestrecktem Arm zeigte er auf die Flamme, die in den Himmel schoss.

Wir hatten die Nordbrücke erreicht.

Am zweiten Pfeiler hing ein großes Frachtschiff, genauer gesagt, ein Binnentanker, fest.

»Den kennen wir doch!«, rief Peppi mir zu. »Siehst du das Auto?«

Klar, die gelben Streifen waren nicht zu übersehen. Und ich erinnerte mich genau an das Mädchen mit den roten Zöpfen, das uns zugewinkt hatte.

Am Bug des Tankers hatte sich
die *Ocean Queen* verkeilt. Es war
der altersschwache Kahn, der eben
noch Schrott für meinen Opa geliefert
hatte. Den Eigentümer und Kapitän
dieses Schiffes bezeichnete mein Opa
immer als den Schrecken der sieben
Weltmeere, weil er meistens ziemlich
betrunken war. Es war ein Wunder, dass
er heute zum ersten Mal ein anderes
Schiff gerammt hatte.

Am Heck des Tankers war etwas ex-
plodiert und hatte die gewaltige Stich-
flamme hochgehen lassen. Jetzt loderte
nur noch das Feuer aus der Öffnung.

Zwei Männer von der Besatzung und eine Frau waren an Deck zu erkennen.

»Siehst du die Schlagseite?«, sagte ich. »Der geht auf Grund.«

Peppi nickte. »Oder der zweite Tank geht hoch.«

»Oder beides.«

INFO

Die Löschboote der Feuerwehr sind auf Einsätze aller Art vorbereitet. Bei einem Einsatz kommt es erst einmal darauf an, möglichst schnell zum Un-  glücksort zu gelangen. Mit ca. 50 Stundenkilometern kann ein solches Boot ein beachtliches Tempo aufnehmen. Allerdings muss der Bootsführer auch in Notfällen darauf achten, dass die Wellen, die er verursacht, nicht zu einer Gefahr für andere werden und zum Beispiel kleinere Boote von ihren Liegeplätzen reißen. Die Feuerwehrleute an Bord verfügen über Schutzanzüge, Sauerstoffflaschen, Werkzeuge und natürlich über verschiedene Möglichkeiten zu löschen. Das Wasser dafür wird mit mächtigen Pumpen direkt aus dem Fluss geholt.

INFO

Kannst du das Lösungswort entschlüsseln? Achtung: Die durchgestrichenen Buchstaben darfst du nicht verwenden!

NSTER

HT

BOJ

ANKE

OLK

ELM

RETTUNGS ING

RÄTSEL ?

Eine mutige Entscheidung

Die Männer auf dem Feuerlöschboot wussten genau, was sie zu tun hatten. Schweigend flitzten sie hin und her. Jeder Handgriff saß.

»Werft das Wasser an«, befahl der Bootsführer seinen Männern.

Kurz darauf spritzte das Wasser vorne aus einem Rohr, das aussah wie eine Kanone.

Über Funk informierte der Feuerwehrmann den Kapitän des Tankers: »Wir müssen zuerst Ihr Schiff abkühlen. Es ist schon viel zu heiß, um anlegen zu können.«

Die Frau auf dem Tanker rannte schreiend hin und her, aber Peppi und ich konnten nicht verstehen, was sie rief. Ihre langen roten Haare waren total zerzaust – genauso rote Haare wie die von dem Mädchen mit den Zöpfen. Sie beugte sich oberhalb von einer Luke weit über die Reling. Ein Mann der Besatzung kletterte dort an einer Strickleiter hinauf. Er schüttelte den Kopf. Die Frau kippte nach vorne und heulte und schlug mit den Fäusten auf die Brust von dem Mann.

Nach ein paar Minuten gab der Löschbootsführer den Befehl: »Okay, wir legen an und gehen rüber!«

Er manövrierte das Löschboot an die

Seite des Tankers, eine Millimeterarbeit in der Mitte der Strömung. Die Feuerwehrmänner enterten den Frachter. Einige zogen Schläuche hinter sich her und begannen sofort mit dem Löschen.

»Wir müssen Schaum beimischen!«, rief einer. »Mit Wasser allein kriegen wir das Feuer nicht klein.«

»Die Frau weigert sich, das Schiff zu verlassen, solange ihre Kinder noch in Gefahr sind«, meldete einer der Feuerwehrmänner seinem Chef.

»Kinder? Da sind Kinder an Bord?«

Der Feuerwehrmann nickte. »Sie sind unter Deck gefangen. Irgendetwas muss bei dem Zusammenstoß den Ausgang blockiert haben. Wir kommen nicht so schnell durch. Der einzige Zugang ist die kleine Luke unterhalb der Kajüte.«

»Dann holt sie durch die Luke raus!«, befahl der Boss der Feuerwehrleute, aber selbst Peppi und ich hatten kapiert, warum das nicht schon längst passiert war.

»Von uns passt keiner da durch, Chef! Das Ding ist viel zu eng, selbst für Müllermann.«

Er zeigte auf seinen Kollegen, der ungefähr einen Kopf kleiner als die anderen Männer war. Der kleine Müllermann hob die Schulter, als wollte er sich entschuldigen, dass er nicht noch zwei Köpfe kürzer war.

Ich schaute Peppi an. Peppi schaute mich an.

Wir nickten gleichzeitig.

»Balubantu watussi!«, seufzte Peppi und ich hatte ganz den Eindruck, dass dies die Kurzform eines westafrikanischen Stoßgebets war.

»Heiliger Christophorus, steh uns bei!«, sagte ich. Allerdings war ich mir nicht ganz sicher, ob der wirklich der richtige Schutzpatron für eine solche Sache war. Ich versprach ihm sicherheitshalber, dass ich demnächst im Religionsunterricht immer aufpassen würde.

Besser als Heilige wären sowieso irgendwelche Typen mit Superkräften gewesen. Der Unterschied zwischen den coolen Typen aus meinen X-Men-Comics und Peppi und mir war leider ziemlich groß. Und ziemlich einfach: Die waren

Superhelden mit übernatürlichen Kräften, wir waren Viertklässler mit unterdurchschnittlichen Leistungen, zumindest in fast allen Fächern außer Sport.

Immerhin waren wir fast so mutig wie die X-Men, auch wenn das jetzt ein bisschen nach Eigenlob klingt.

Peppi und ich hatten den Frachter so schnell erreicht, dass die Besatzung des

Löschboots uns nicht daran hindern konnte. Weil gerade ein Hubschrauber der Polizei über den Unfallort ratterte, hörten wir auch nicht, was die Männer von der Feuerwehr schrien. Es sah nach den bösesten Verwünschungen aus, die auf keinen Fall für Kinderohren gedacht waren, so viel war sicher.

Im Heck des Tankers krachte es plötzlich noch einmal.

INFO

Wenn ein Frachtschiff brennt, besteht das größte Problem oft darin, dass der Schiffskörper sich ziemlich schnell erhitzt und die Feuerwehrleute mit 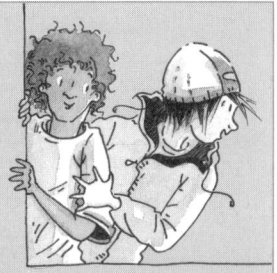 ihrem Boot nicht anlegen können. Zuerst wird deshalb das Schiff abgekühlt. Dabei kommen meistens die sogenannten Monitore zum Einsatz, die im Heck und Bug angebracht und mit den Wasserpumpen verbunden sind. Sie sehen aus wie Kanonen. Direkt an der Reling verfügt das Löschboot über kleine Düsen, die ebenfalls Wasser zerstäuben, um die eigene Bordwand zu kühlen. Der Eigenschutz des Löschteams steht immer an erster Stelle. Denn wenn die Helfer in Gefahr geraten, können sie am Ende nicht mehr helfen!

INFO

Das Feuer wirft Schatten.
Welches Schattenbild sieht gleich aus?

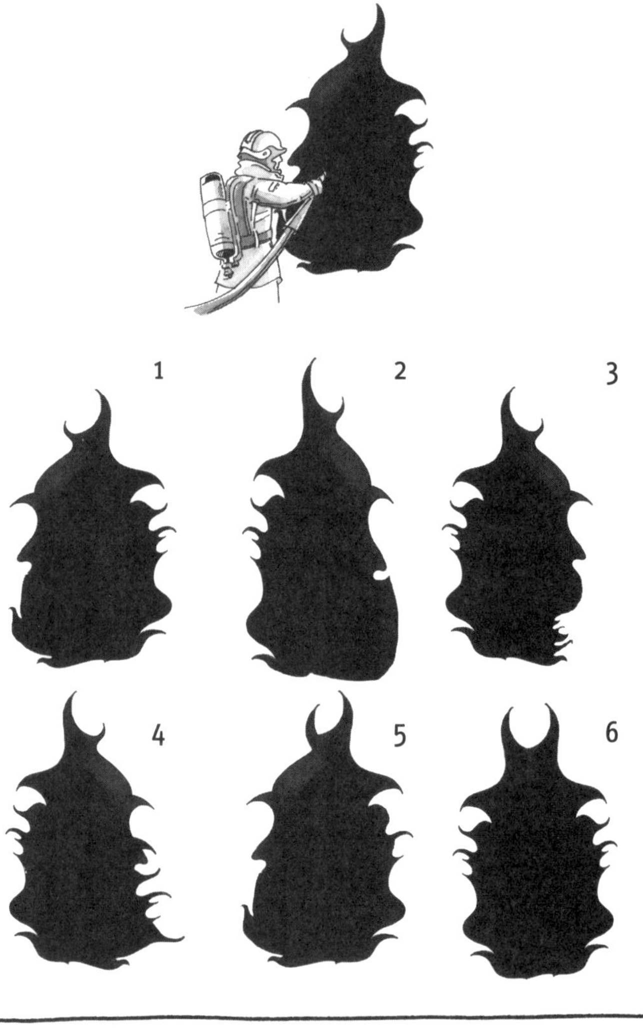

1

2

3

4

5

6

RÄTSEL ?

Gefährliche Kletterpartie

Ich schnappte nach der Strickleiter, auf der ich vorher den Mann vom Tanker gesehen hatte. Die Bordwand wurde schon wieder heiß und heißer. Meine Arme waren zu kurz.

»Du musst mich mit einer Hand halten, dann steige ich auf die Kante und fische mit dem Fuß danach.«

Ich packte Peppis Hand. Peppi umklammerte die Reling. Ich stieg über die Kante und streckte einen Fuß nach unten. Es reichte immer noch nicht. Ich ging in die Hocke. Unsere schweißnassen Hände rutschten ein winziges Stückchen auseinander. Ich stieß einen Schrei aus. Ich sah mich schon an der Bordwand hinabgleiten und mitten in der Strömung treiben.

»Lange kann ich dich nicht mehr halten«, keuchte Peppi.

Beim dritten Versuch klappte es. Das Seil der Leiter schlang sich um mein Fußgelenk, ich zog es näher heran und kletterte ein paar Sprossen nach unten. Meine Arme brannten vor Anstrengung, einen Moment glaubte ich, dass ich ins Wasser plumpsen würde. Dann aber bekam ich Halt.

»Seid ihr völlig verrückt geworden?«, brüllte jemand.

Ich sah nach oben. Ein Feuerwehr-

mann streckte den Kopf über die Reling.

»Mattes war schon immer verrückt«, feixte Peppi. »Der muss das nicht erst werden!«

Die Laune des Feuerwehrmanns verbesserte sich durch die Bemerkung nicht. Bevor er jedoch seine Kollegen holen konnte, um mich mitsamt der Strickleiter nach oben zu hieven, hatte ich die Luke schon erreicht. Ich stützte mich mit den Füßen an der Bordwand ab, bewegte mich ein bisschen nach links und steckte beide Beine in die Öffnung. Einen Herzschlag lang hing ich in der Luft, dann rutschte ich mit einem kleinen Schwung hindurch ins Innere des Schiffs.

Ein »Aua!« konnte ich mir dabei nicht verkneifen, weil ich mir an den seitlichen Kanten der Luke die Haut aufgescheuert hatte. Die Öffnung hätte keinen Millimeter enger sein dürfen, sonst wäre ich stecken geblieben!

Drinnen mussten sich meine Augen erst einmal an die Dunkelheit gewöhnen. Ich japste ein paarmal nach Luft. Direkt gegenüber von mir schimmerte ein schmaler Lichtstreifen. Eine Tür oder Klappe!

Ich zerrte an dem eisernen Riegel, der wohl selten benutzt wurde und schon ein bisschen eingerostet war. Ich stemmte mich mit dem ganzen Körper dagegen. Ein Knirschen und Quietschen, die Luke öffnete sich und ich konnte in einen kleinen Vorraum im Inneren des Schiffes treten.

Ich hörte auf der linken Seite ein weinendes Kind, auf der rechten hämmerten die Feuerwehrleute gegen die Tür am Ende einer kleinen Treppe, die hinauf auf Deck führte. Eine massive Leiter hatte sich aus der Verankerung gelöst und quer vor den Ausgang geschoben. Ich rüttelte daran, aber das Ding hatte sich verkantet. Keinen Millimeter bewegte es sich.

»Hallo?«, rief ich und bekam auch sofort eine Antwort.

»Hier, hier sind wir!«

Ich öffnete die linke Tür. Dahinter befand sich eine winzige Kajüte mit zwei Betten übereinander. Auf dem unteren saß das Mädchen mit den roten Haaren und hielt ihren kleinen Bruder im Arm.

»Ich bin gefallen«, schluchzte sie, »mein Bein.«

Ein ziemlich fieser Anblick, irgendetwas zwischen Okulele watussi und Balututu Schifferscheiße oder so. Jedenfalls blutig und wahrscheinlich gebrochen.

INFO

Brennende Flüssigkeiten, zum Beispiel Benzin auf einem Tankschiff, sind eine besondere Gefahr. Benzin lässt sich nicht gut mit Wasser löschen.

Deshalb haben Löschboote einen Spezialschaum dabei, der von einer eigenen Pumpe dem Wasser beigemischt wird. Er legt sich wie eine dicke Decke über das brennende Benzin. Wenn man einem Feuer so den Sauerstoff entzieht, lässt es sich vollends löschen. Nach dem Abschluss der Löscharbeiten müssen die Feuerwehrleute das Löschwasser wieder aus dem verunglückten Schiff pumpen.

INFO

Wie oft kannst du das Wort FEUER auf
dem Feuerwehrschlauch entdecken?
Schau genau!

RÄTSEL ?

Rettung in letzter Minute

»Wir sind gleich raus hier«, versprach ich dem Mädchen. »Ich bin übrigens Mattes. Mattes Krüger«, sagte ich in einem möglichst coolen Ton, so ein bisschen James-Bond-mäßig. »Wir haben alles im Griff!«

Das hatte ich schon in vielen Filmen gesehen.

Coole Sprüche waren sehr wichtig. Vor allem, wenn es immer heißer auf einem brennenden Schiff wurde und man nicht so genau wusste, was man tun sollte.

»Da vorne ist so ein Kasten mit einem Feuerlöscher«, sagte das Mädchen. »Ich bin übrigens Grietje und das ist mein Bruder Jan.«

Jan brüllte wie am Spieß, als er seinen Namen hörte.

In dem Kasten war nicht nur ein Feuerlöscher. Daneben hingen ein Beil und ein aufgerollter Feuerwehrschlauch, den man wohl irgendwo anschließen konnte. Das nützte nun aber auch nichts mehr.

Ich nahm das Beil und setzte es an der verklemmten Leiter vor der Tür an. Die ließ sich allerdings auch von einem Beil nicht beeindrucken.

Wenn man kein Mitglied der X-Men ist, muss man schon mal Glück haben und wir hatten in diesem Moment Glück. Obwohl man bei einer gewaltigen Explosion nicht gerade von Glück reden kann.

Es krachte nämlich ein drittes Mal und aller guten Dinge sind schließlich drei. Diese Explosion war noch ein bisschen heftiger als die anderen zuvor.

An Deck wurde das Geschrei noch lauter, was erst mal auch nicht nach Glück klang. Aber aufgrund der dritten Explosion war ein Ruck durchs Schiff gegangen, und als ich das Beil noch einmal ansetzte, löste sich die verkantete Leiter endlich. Im selben Augenblick brachen die Feuerwehrleute von der anderen Seite mit einem Bolzenschneider zu uns durch.

Ich schnappte mir den blökenden Jan. Grietje hielt ich die Schulter hin.

»Stütz dich ab«, befahl ich ihr. Sie legte den Arm um mich.

Danach ging alles ganz schnell. Die Feuerwehrleute zerrten uns an Deck und sorgten dafür, dass wir möglichst schnell von dem Tankschiff runterkamen. Sie verfrachteten uns auf ein kleines Rettungsboot, mit dem sonst Leute aus

dem Fluss gefischt werden, wenn sie
von einer Brücke plumpsen.

Peppi wartete dort schon auf uns. Die
Mutter der beiden Kinder heulte erst
mal ordentlich los. Grietje wurde sofort
auf eine Trage gelegt und bekam eine
Sauerstoffmaske aufgedrückt. Eine Ret-
tungsärztin begutachtete ihr Bein. Gere-
det wurde nicht, aber ich war mir ziem-

lich sicher, dass wir uns noch einiges würden anhören müssen.

»Die waren nicht so begeistert von unserer Aktion«, meinte Peppi.

Ich zog den Kopf zwischen die Schultern. »Immerhin können wir nach den Ferien einen superguten Ferienaufsatz schreiben«, versuchte ich ihn aufzumuntern.

An Land wurden wir auch von der Ärztin untersucht, aber leider nicht wie Grietje in dem schicken Rettungswagen durch die Gegend kutschiert. Stattdessen wurden wir mit Polizeischutz nach Hause gebracht.

Mein Opa ist glücklicherweise ein Mann, der sich nicht allzu schnell aus der Ruhe bringen lässt.

»Na, dann erzähl mal«, sagte er und ließ den Stummel von seiner Zigarre, die

irgendwie immer zwischen seinen Zäh-
nen steckt, von einem Mundwinkel in
den anderen wandern.

»Also, das war so«, sagte ich. »Peppi
hatte den Schlüssel zum Bootsverleih
besorgt. Es war halb sieben am Morgen ...«

Der Transport von Gütern auf dem Wasser ist eine ziemlich sichere Angelegenheit. Es passieren dabei nur selten Unglücke. Zusammenstöße bei

schlechtem Wetter kommen gelegentlich vor, ab und zu gehen auch Schiffe bei schwierigen Wasserverhältnissen auf Grund. Am häufigsten rückt die Feuerwehr auf Binnengewässern aus, um Menschen aus dem Wasser zu fischen, weil diese hineingesprungen oder hineingefallen sind. Dafür verfügen die Feuerwachen über ein kleines Motorboot, das nicht zum Löschen geeignet ist, aber eine andere Besonderheit aufweist: Die Reling lässt sich mitsamt einem Stück der Bordwand aufklappen, um die Leute leichter aus dem Wasser ziehen zu können.

Kannst du die Quizfragen beantworten?
Wenn du eine Antwort nicht weißt, kannst du
in den Infoboxen nachlesen.

1. Was bedeutet backbord?

2. Was bedeutet steuerbord?

3. Woher bekommen Löschboote
ihr Wasser?

4. Wie löschen Löschboote
brennendes Benzin?

5. Wo ist der Bug eines Schiffes?

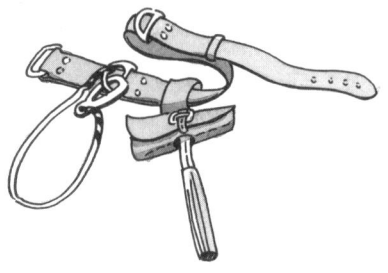

RÄTSEL ?

Auflösungen:

S. 13:   Lösungswort: JETSKI

S. 22:

S. 32:   Lösungswörter: Wasserschutzpolizei, Ausflugs-
dampfer, Boje, Schiff, Motorboot.
Nicht auf den Fluss gehören: Flugzeug, Bus,
Lastwagen, Auto.

S. 39:   Lösungswörter: Flussarm, Flussbett, Flussufer,
Flussdampfer.

S. 48:   Weg 4 ist richtig.

S. 58:   Bullauge 1 und 4 sind genau gleich.

S. 67:   Lösungswort: Feuerwehr.

S. 76:   Es ist Schattenbild 1.

S. 85:   Das Wort FEUER ist 10-mal zu sehen.

S. 94:   1. Backbord bedeutet links.

            2. Steuerbord bedeutet rechts.

            3. Sie nehmen das Wasser aus dem Fluss.

            4. Sie löschen es mit einem Spezialschaum.

            5. Der Bug ist die Spitze eines Schiffes.